Hundejournal

von:

....

Bibliografische Information der Deutschen Nationalbibliothek: Die Deutsche Nationalbibliothek verzeichnet diese Publikation in der Deutschen Nationalbibliografie; detaillierte bibliografische Daten sind im Internet über dnb.dnb.de abrufbar.

©2021 Elena Wende

Foto Umschlag: Tierfotografie Benn Foto

Herstellung und Verlag: BoD – Books on Demand, Norderstedt

ISBN: 9783754331316

Inhaltsverzeichnis:

Hallo liebe/r Hundefreund/in!
Du hältst das MenschHundNatur Hundetagebuch in deinen Händen.

In diesem Tagebuch kannst du alles rund um deinen Hund eintragen.

Du findest Seiten für das Training/die Erziehung deines Hundes, für Regeln, Termine, Gesundheit und auch Platz für freie Eintragungen, Erlebnisse und Erfahrungen.

Das Tagebuch kann dich und deinen Hund lange Zeit in eurem Alltag begleiten.

Du kannst dadurch rückblickend die Entwicklung deines Hundes nachvollziehen, Besonderheiten und Regelmäßigkeiten erkennen.

Und du hast später eine schöne Erinnerung z.B. an die Junghundezeit.

Ich wünsche dir viel Spaß beim Eintragen, Üben und Nachlesen.

Elena Wende

Mein Hund

Daten Hund

Name: ………………………………………………………………………………

Rufname: ……………………………………………………………………………

Geburtsdatum: ……………………………………………………………………

Größe: ………………………. cm   Gewicht: …………………….kg

Chip Nr.: ……………………………………………………………………………

Tasso Nr.: …………………………………………………………………………

Tierarzt

Name: ………………………………………………………………………………

Tel.: …………………………………………………………………………………

Adresse: ……………………………………………………………………………

………………………………………………………………………………………

Haftpflichtversicherung:

Gesellschaft: ………………………………………………………………………

Versicherungs Nr: ………………………………………………………………

Kontakt Tel./Mail: ………………………………………………………………

OP/Krankenversicherung:

Gesellschaft: ………………………………………………………………………

Versicherungs Nr.: ………………………………………………………………

Kontakt Tel./Mail.: ………………………………………………………………

Besonderheiten

Charakter, was mag er, was kann er gut, Eigenheiten...

....

....

....

....

....

....

....

....

....

....

....

....

....

....

....

....

....

....

....

Gesundheit

Hier kannst du notieren, wenn dein Hund Medikamente braucht, wenn er eine Wurmkur o.ä. bekommen hat, Krankheiten, Läufigkeit usw.

DATUM	WAS?

Wichtige Termine

Z.B. Impfungen, Hundeschule, Hundefrisör....

Wann?	Was?	Wo?

Gewichtstabelle

Datum	Gewicht	Anmerkung

Fütterung

Datum	Was? z.B. Dose XY	Wie viel?	Wie oft?

Familienregeln

Was darf er nicht?	Was soll er stattdessen?	Wie schaffe ich das?

Belohnungsmöglichkeiten

Fressbar	Nicht fressbar
z.B. Leckerchen, Futter	z.B. Spiel, Streicheln...

Signale Erziehung

Signal (Wort/Zeichen)	Bedeutung

Signale Sonstiges

Signal (Wort/Zeichen)	Bedeutung

Erlebnisse und Erfahrungen

DATUM	WAS?	NOTIZEN/REAKTION

DATUM	WAS?	NOTIZEN/REAKTION

DATUM	WAS?	NOTIZEN/REAKTION

DATUM	WAS?	NOTIZEN/REAKTION

Was möchte ich mit meinem Hund üben?

....

....

....

....

....

....

....

....

....

....

....

....

....

....

....

....

....

....

....

....

Notizen

....

....

....

....

....

....

....

....

....

....

....

....

....

....

....

....

....

....

....

....

Notizen

Training

Wann? Datum, Zeit	Was?	Wo?	Wie oft? Erfolge	Ergebnis (Fehler, beachten)

Notizen

....

....

....

....

....

....

....

....

....

....

....

....

....

....

....

....

....

....

....

....

....

Training

Wann? Datum, Zeit	Was?	Wo?	Wie oft? Erfolge	Ergebnis (Fehler, beachten)

Notizen

....
....
....
....
....
....
....
....
....
....
....
....
....
....
....
....
....
....
....
....
....

Training

Wann? Datum, Zeit	Was?	Wo?	Wie oft? Erfolge	Ergebnis (Fehler, beachten)

Notizen

....

....

....

....

....

....

....

....

....

....

....

....

....

....

....

....

....

....

....

....

....

Training

Wann? Datum, Zeit	Was?	Wo?	Wie oft? Erfolge	Ergebnis (Fehler, beachten)

Notizen

....
....
....
....
....
....
....
....
....
....
....
....
....
....
....
....
....
....
....
....
....
....
....

Training

Wann? Datum, Zeit	Was?	Wo?	Wie oft? Erfolge	Ergebnis (Fehler, beachten)

Notizen

....

....

....

....

....

....

....

....

....

....

....

....

....

....

....

....

....

....

....

....

Training

Wann? Datum, Zeit	Was?	Wo?	Wie oft? Erfolge	Ergebnis (Fehler, beachten)

Notizen

....
....
....
....
....
....
....
....
....
....
....
....
....
....
....
....
....
....
....
....

Training

Wann? Datum, Zeit	Was?	Wo?	Wie oft? Erfolge	Ergebnis (Fehler, beachten)

Notizen

....
....
....
....
....
....
....
....
....
....
....
....
....
....
....
....
....
....
....
....
....
....

Training

Wann? Datum, Zeit	Was?	Wo?	Wie oft? Erfolge	Ergebnis (Fehler, beachten)

Notizen

....

....

....

....

....

....

....

....

....

....

....

....

....

....

....

....

....

....

....

....

Training

Wann? Datum, Zeit	Was?	Wo?	Wie oft? Erfolge	Ergebnis (Fehler, beachten)

Notizen

....

....

....

....

....

....

....

....

....

....

....

....

....

....

....

....

....

....

....

....

....

Training

Wann? Datum, Zeit	Was?	Wo?	Wie oft? Erfolge	Ergebnis (Fehler, beachten)

Notizen

Training

Wann? Datum, Zeit	Was?	Wo?	Wie oft? Erfolge	Ergebnis (Fehler, beachten)

Notizen

....
....
....
....
....
....
....
....
....
....
....
....
....
....
....
....
....
....
....
....
....

Training

Wann? Datum, Zeit	Was?	Wo?	Wie oft? Erfolge	Ergebnis (Fehler, beachten)

Notizen

....

....

....

....

....

....

....

....

....

....

....

....

....

....

....

....

....

....

....

....

Training

Wann? Datum, Zeit	Was?	Wo?	Wie oft? Erfolge	Ergebnis (Fehler, beachten)

Notizen

....

....

....

....

....

....

....

....

....

....

....

....

....

....

....

....

....

....

....

....

....

Training

Wann? Datum, Zeit	Was?	Wo?	Wie oft? Erfolge	Ergebnis (Fehler, beachten)

Notizen

....

....

....

....

....

....

....

....

....

....

....

....

....

....

....

....

....

....

....

....

Training

Wann? Datum, Zeit	Was?	Wo?	Wie oft? Erfolge	Ergebnis (Fehler, beachten)

Notizen

....
....
....
....
....
....
....
....
....
....
....
....
....
....
....
....
....
....
....
....
....

Training

Wann? Datum, Zeit	Was?	Wo?	Wie oft? Erfolge	Ergebnis (Fehler, beachten)

Notizen

Training

Wann? Datum, Zeit	Was?	Wo?	Wie oft? Erfolge	Ergebnis (Fehler, beachten)

Notizen

....

....

....

....

....

....

....

....

....

....

....

....

....

....

....

....

....

....

....

....

....

Training

Wann? Datum, Zeit	Was?	Wo?	Wie oft? Erfolge	Ergebnis (Fehler, beachten)

Notizen

....
....
....
....
....
....
....
....
....
....
....
....
....
....
....
....
....
....
....
....
....

Training

Wann? Datum, Zeit	Was?	Wo?	Wie oft? Erfolge	Ergebnis (Fehler, beachten)	

Notizen

Training

Wann? Datum, Zeit	Was?	Wo?	Wie oft? Erfolge	Ergebnis (Fehler, beachten)

Notizen

....

....

....

....

....

....

....

....

....

....

....

....

....

....

....

....

....

....

....

....

Training

Wann? Datum, Zeit	Was?	Wo?	Wie oft? Erfolge	Ergebnis (Fehler, beachten)

Notizen

....

....

....

....

....

....

....

....

....

....

....

....

....

....

....

....

....

....

....

....

Training

Wann? Datum, Zeit	Was?	Wo?	Wie oft? Erfolge	Ergebnis (Fehler, beachten)

Notizen

Training

Wann? Datum, Zeit	Was?	Wo?	Wie oft? Erfolge	Ergebnis (Fehler, beachten)

Notizen

....

....

....

....

....

....

....

....

....

....

....

....

....

....

....

....

....

....

....

....

....

....

Training

Wann? Datum, Zeit	Was?	Wo?	Wie oft? Erfolge	Ergebnis (Fehler, beachten)

Notizen

....
....
....
....
....
....
....
....
....
....
....
....
....
....
....
....
....
....
....
....
....
....

Training

Wann? Datum, Zeit	Was?	Wo?	Wie oft? Erfolge	Ergebnis (Fehler, beachten)

Notizen

....

....

....

....

....

....

....

....

....

....

....

....

....

....

....

....

....

....

....

....

Training

Wann? Datum, Zeit	Was?	Wo?	Wie oft? Erfolge	Ergebnis (Fehler, beachten)

Notizen

Training

Wann? Datum, Zeit	Was?	Wo?	Wie oft? Erfolge	Ergebnis (Fehler, beachten)	

Notizen

....

....

....

....

....

....

....

....

....

....

....

....

....

....

....

....

....

....

....

....

....

....

Training

Wann? Datum, Zeit	Was?	Wo?	Wie oft? Erfolge	Ergebnis (Fehler, beachten)

Notizen

....
....
....
....
....
....
....
....
....
....
....
....
....
....
....
....
....
....
....
....
....

Training

Wann? Datum, Zeit	Was?	Wo?	Wie oft? Erfolge	Ergebnis (Fehler, beachten)

Notizen

....

....

....

....

....

....

....

....

....

....

....

....

....

....

....

....

....

....

....

....

....

Training

Wann? Datum, Zeit	Was?	Wo?	Wie oft? Erfolge	Ergebnis (Fehler, beachten)

Notizen

....

....

....

....

....

....

....

....

....

....

....

....

....

....

....

....

....

....

....

....

....

Training

Wann? Datum, Zeit	Was?	Wo?	Wie oft? Erfolge	Ergebnis (Fehler, beachten)

Notizen

....

....

....

....

....

....

....

....

....

....

....

....

....

....

....

....

....

....

....

....

Training

Wann? Datum, Zeit	Was?	Wo?	Wie oft? Erfolge	Ergebnis (Fehler, beachten)

Notizen

....
....
....
....
....
....
....
....
....
....
....
....
....
....
....
....
....
....
....
....
....

Training

Wann? Datum, Zeit	Was?	Wo?	Wie oft? Erfolge	Ergebnis (Fehler, beachten)

Notizen

....

....

....

....

....

....

....

....

....

....

....

....

....

....

....

....

....

....

....

....

Training

Wann? Datum, Zeit	Was?	Wo?	Wie oft? Erfolge	Ergebnis (Fehler, beachten)

Notizen

....

....

....

....

....

....

....

....

....

....

....

....

....

....

....

....

....

....

....

....

....

....

Training

Wann? Datum, Zeit	Was?	Wo?	Wie oft? Erfolge	Ergebnis (Fehler, beachten)

Notizen

Training

Wann? Datum, Zeit	Was?	Wo?	Wie oft? Erfolge	Ergebnis (Fehler, beachten)

Notizen

Training

Wann? Datum, Zeit	Was?	Wo?	Wie oft? Erfolge	Ergebnis (Fehler, beachten)

Notizen

....

....

....

....

....

....

....

....

....

....

....

....

....

....

....

....

....

....

....

....

....

....

Training

Wann? Datum, Zeit	Was?	Wo?	Wie oft? Erfolge	Ergebnis (Fehler, beachten)

Notizen

....

....

....

....

....

....

....

....

....

....

....

....

....

....

....

....

....

....

....

....

....

Training

Wann? Datum, Zeit	Was?	Wo?	Wie oft? Erfolge	Ergebnis (Fehler, beachten)

Notizen

Training

Wann? Datum, Zeit	Was?	Wo?	Wie oft? Erfolge	Ergebnis (Fehler, beachten)

Notizen

....

....

....

....

....

....

....

....

....

....

....

....

....

....

....

....

....

....

....

....

Training

Wann? Datum, Zeit	Was?	Wo?	Wie oft? Erfolge	Ergebnis (Fehler, beachten)

Notizen

....

....

....

....

....

....

....

....

....

....

....

....

....

....

....

....

....

....

....

....

Training

Wann? Datum, Zeit	Was?	Wo?	Wie oft? Erfolge	Ergebnis (Fehler, beachten)

Notizen

Notizen

....
....
....
....
....
....
....
....
....
....
....
....
....
....
....
....
....
....
....
....
....

Platz für eigene Notizen, Gedanken, Bilder...